자유를 향한 외침

넬슨 만델라

글 김다혜

경기도 성남에서 태어났습니다. 서울대학교 인문학부에서 문학을 전공하고, 다양한 분야에서 글쓰기를 하고 있습니다. 지은 책으로는 『현대미술의 시작 마르셀 뒤샹』이 있습니다.

그림 박준우

울산에서 태어나 국민대학교 시각디자인과를 졸업했습니다. 어릴 때부터 그림 그리는 것을 좋아했고, 화가나 만화가가 꿈이었습니다. 지금도 그 꿈을 좇아 그림을 그리고 있습니다. 그린 책으로는 『자유의 노래-마틴 루터 킹』, 『토크쇼의 여왕 오프라 윈프리』, 『33명의 칠레 광부들』, 『거인이 사는 섬』 등이 있습니다.

자유를 향한 외침

넬슨 만델라

글 김다혜 | 그림 박준우

리젬

세계 인권 운동의 상징 넬슨 만델라!

　　남아프리카공화국에 첫발을 내딛은 유럽인은 네덜란드 출신의 얀 반 리베이크였습니다. 그는 네덜란드에서 인도까지 80일이 넘는 항해 동안 배에 탄 선원들의 괴혈병을 막기 위해 아프리카의 최남단에 과일과 채소를 재배했습니다.

　　그런데 인도와 아시아에서 값비싼 향신료들이 발견되면서 아프리카 남단을 지나던 유럽인들이 많아지자 이곳에 대한 관심이 높아졌습니다. 나중에는 서로 땅을 차지하기 위해 싸우기도 했습니다.

　　유럽인들이 늘어나자 이곳에 살던 흑인들이 하나둘 쫓겨나기 시작했습니다. 소수의 유럽인이었지만, 그들에게는 큰 배와 기계식 무기가 있었습니다.

　　그리고 결국, 그 땅의 주인이었던 흑인들은 길을 걸을 때도 통행증을 들고 다녀야 하는 신세가 되었고, 백인들이 자기네 땅이라고 주장하면 하루아침에 모든 걸 버리고 다른 지역으로 이사를 갈 수밖에 없게 되었습니다.

이것은 남아프리카공화국에서 정착한 유럽인들이 만든 아파르트헤이트(분리 정책) 때문이었습니다.

만델라는 이러한 인종 차별 정책과 맞서 싸웠습니다. 1952년과 1956년 두 차례에 걸쳐 반역죄로 감옥에 갔고, 1964년에는 종신형을 선고받아 27년 동안 수감 생활을 했습니다.

만델라가 감옥에 있는 동안 흑인들은 백인들의 온갖 만행을 세계에 알렸습니다. 그리고 1990년 2월, 마침내 만델라는 석방되었습니다. 그 후 만델라는 아프리카와 전 세계 인권 운동의 상징이 되었습니다.

만델라는 아파르트헤이트 폐지에 대한 공로를 인정받아 노벨 평화상을 받았고 남아프리카공화국 최초의 흑인 대통령이 되었습니다.

이렇듯 역사는 먼저 깨우친 사람의 열정과 희생으로 정의롭게 변화합니다. 남아프리카공화국에 만델라 같은 사람이 없었다면, 그곳의 흑인들은 지금도 자유를 억압당한 채 고통받고 있을지도 모릅니다.

이 책을 통해 결코 죽지 않고 다만 사라질 뿐인 만델라를 만날 수 있기를 바랍니다.

2013년 7월 **김다혜**

차례

등장인물

넬슨 만델라
흑인들의 인권 운동을 위해 노력하여 노벨 평화상을 수상하고, 1994년에는 남아프리카공화국의 대통령으로 당선됩니다.

가들라 헨리 음파카니스와
만델라의 아버지로 공정한 성품을 지녔으며 만델라가 아홉 살 때 세상을 떠납니다.

노세케니 파니
만델라의 어머니로 항상 만델라가 올바른 길을 갈 수 있도록 이끌어 줍니다.

에블린 메이스
만델라의 첫 번째 아내로 행복한 삶의 목적이 서로 달랐기 때문에 몇 년 후 이혼을 하게 됩니다.

놈자모 위니프레드 마디키젤라
만델라의 두 번째 아내로 보통 위니로 불렸고, 사회 사업가로 활동하며 만델라의 인권 운동을 지지합니다.

수마 박사
아프리카 민족회의 의장으로 만델라가 청년동맹을
설립하는 데 조언을 아끼지 않습니다.

월터 시술루
사업가이자 지역 지도자로 만델라와 함께 흑인
인권 운동을 펼쳐 나갑니다.

말썽꾸러기 소년

"두 눈 가득 장난기와 총기를 함께 담고 있던
이 소년이 바로 넬슨 만델라였다."

남아프리카의 트란스케이는 비옥한 땅과 강을 끼고 있는 아름다운 시골이었다. 1차 세계대전이 끝나던 해인 1918년 여름, 트란스케이의 수도인 움타타에서 건강한 사내아이가 태어났다. 조그만 시골 동네에서는 큰 사건이었다.

템부족 추장의 아들로 태어난 이 아이에게 '말썽꾸러기'를 뜻하는 '롤리흘라흘라'라는 이름이 붙여졌다. 두 눈 가득 장난기와 총기를 함께 담고 있던 이 소년이 바로 넬슨 만델라였다.

만델라가 태어나고 얼마 지나지 않았을 때였다. 템부족의 추장이었던 만델라의 아버지가 사건에 휘말렸다.

어느 날, 만델라 집안에서 키우던 황소가 도망을 쳤다. 만델라의 아버지는 도망친 황소에 대한 책임을 하인에게 물었다. 그러자 이에 불만을 품은 하인은 만델라의 아버지를 고소했다. 판사는 바로 만델라의 아버지에게 출두 명령을 내렸으나 아버지는 단호한 태도로 거부했다.

　"거기엔 갈 수 없소. 책임을 묻는 것이 무슨 잘못이란 말이오. 나는 언제나 부당함에 맞서 싸울 준비가 되어 있소."

　당시 만델라의 아버지는 부족의 문제를 남아프리카공화국을 지배하던 영국의 법이 아니라 부족의 전통에 따라 처리했다. 아버지는 자신의 하인 역시 부족 전통에 따라 처리해야 된다고 믿었다. 이러한 저항은 자존심의 문제가 아니라 여태 지켜온 소신과 원칙의 문제였다. 아버지는 부족의 추장으로서 전통적 권리를 주장했다. 하지만 이것은 곧 판사의 권위에 대한 도전으로 여겨질 수밖에 없었다.

　"이건 영국 법에 대한 반항이에요. 흑인이니 조사나 신문도 필요 없겠군. 당장 그 추장인지 뭔지 하는 사람을 파면시키도록 하겠소!"

　판사는 만델라의 아버지를 무례한 흑인이라고 비난했다.

이렇게 하여 아버지는 추장직을 내려놓게 되었다. 만델라는 아직 어렸을 때라 자세한 건 알지 못했지만 전통을 지키는 아버지의 판단이 옳다고 믿었다.

이 일로 부유했던 아버지는 재산과 지위를 모두 잃고 다른 마을로 이사를 가서 초라한 생활을 해야만 했다. 만델라는 넉넉지 못한 환경에도 불구하고 새로 이사한 쿠누라는 마을에서 개구진 유년 시절을 시작했다.

어린 만델라는 초원에서 다른 아이들과 함께 어울려 놀기를 즐겼다. 그리고 이때부터 만델라는 송아지와 양을 돌보는 목동 일을 시작했다.

"동물들은 참 신기해. 우리한테 먹을 것을 주면서도 친구처럼 대해 주잖아."

만델라는 하루하루 자연이 주는 풍성한 선물에 감탄하며 친구들과 벌꿀을 채집하고, 먹을 수 있는 과일을 골랐다. 그것이 만델라가 하는 공부의 전부였다.

만델라가 동네 아이들과 당나귀를 타며 놀던 어느 날이었다.

"사나운 당나귀야. 다들 조심해."

"걱정 마. 금방 떨어지는 사람은 겁쟁이!"

아이들은 뽐내기라도 하듯 화난 당나귀에 차례대로 올라탔다. 만델라도 결코 겁쟁이가 될 수 없단 생각에 당나귀에 냉큼 올라탔다.

"자, 보라고! 별 것 아닌데? 헤헤헤."

"이야, 꽤 오래 매달려 있는걸."

"그러게 말이야. 어? 당나귀가 지금 어디로 가는 거지?"

화가 난 당나귀는 근처 가시덤불로 돌진했다. 만델라는 그만 땅에 떨어지고 말았다.

"당나귀 때문에 친구들 앞에서 이게 무슨 꼴이야……."

만델라는 다쳐서 아픈 것보다 당나귀에서 떨어진 게 너무 창피하고 속상했다.

집에 돌아와서 씩씩거리고 있는 만델라에게 어머니가 자초지종을 묻고는 조용히 말했다.

"만델라, 네가 속상한 건 충분히 알겠구나. 하지만 친구들

은 금방 잊어버릴 테니 너무 신경 쓰지 않아도 돼. 창피한 것 말고 또 어떤 생각이 들었니?"

"음……, 너무 속상하고 아파서 다른 생각은 하지 못했어요."

"만델라, 앞으로 너에게는 기쁜 일, 슬픈 일, 속상한 일이 계속 일어날 거야. 어떤 일이 일어나더라도 그 일을 두 번 세 번 생각해 보거라. 그래야 훌륭한 사람이 될 수 있단다."

"네. 그러고 보니 친구들 앞에서 쓸데없이 우쭐거렸어요."

"그래. 좋은 교훈을 얻었구나."

"또, 여러 사람 앞에서 한 사람을 창피하게 만들지 말아야겠어요."

"훌륭한 생각이야. 내가 해 주고 싶은 말보다 더 많은 것을 배웠구나."

만델라는 어머니와의 대화가 끝난 뒤에도 곰곰이 생각을 이어나갔다. 이 작은 일은 만델라에게 큰 깨달음을 안겨 주었다.

★

만델라의 아버지와 친구였던 음베켈라는 늘 만델라를 눈

여겨보았다. 하루는 음베켈라가 만델라의 어머니에게 찾아와 말했다.

"만델라는 참으로 영리한 아이입니다. 학교에 꼭 보내세요."

당시 만델라 집안에서 학교에 다닌 사람은 아무도 없었다. 어머니는 음베켈라가 한 말을 남편에게 전했다.

"그 친구가 그런 말을 했다고?"

아버지는 생각에 잠겼다. 자신은 비록 아무런 교육을 받지 못했지만 아들에게는 친구의 말대로 교육을 받게 하고 싶었다.

"어떻게 해야 할까요? 만델라는 아직 어려서 학교가 어떤 곳인지 잘 알지도 못하는데……."

"한번 보내 봅시다. 배워서 나쁠 게 뭐 있겠소."

"알겠어요. 만델라에게도 이야기해 둘 게요."

학교에 가기 하루 전날, 아버지는 만델라를 불렀다.

"학교에 갈 때는 옷을 단정하게 입도록 해라."

"……."

만델라는 쿠누 마을의 다른 아이들처럼 담요 한 장을 어깨부터 허리까지 걸치고 다녔다. 이상할 게 없었다. 만델라는 아버지의 말이 무슨 뜻인지 몰라 어리둥절한 표정으로 서 있었다.

"자, 그렇게 멀뚱하게 있지 말고 이걸 입어 보렴."

아버지는 자신의 바지 한 벌을 무릎께까지 잘라 만델라에게 건넸다. 길이는 그럭저럭 맞았지만 조그만 아이에게 어른 바지의 허리통은 우스꽝스러울 정도로 컸다. 아버지는 흘러내리지 않게 허리에 줄을 단단히 둘러주고는 다정한 눈빛으로 만델라를 바라보며 말했다.

"자, 다 되었다. 학교에 열심히 다니렴."

학교에 간 첫 날, 선생님은 만델라에게 '넬슨'이라는 영국식 이름을 지어 주고는 지금부터 학교에서는 이 이름을 사용해야 한다고 말했다. 나중에서야 만델라는 그 이유를 깨달았다. 그것은 당시 영국인들의 명령에 의해 생겨난 관습이었다. 남아프리카공화국에 있는 영국인들은 자신들의 문화가 흑인들보다 훨씬 더 우월하다고 가르치고 있었다.

★

만델라가 아홉 살이 되던 해, 집안에 큰 근심거리가 생겼다. 폐 질환을 오래 앓고 있던 아버지의 병세가 더 나빠진 것이었다. 아버지는 며칠째 움직이지도 못했고, 아무 말 없이 누워만 있었다. 만델라는 아버지가 곧 세상을 떠날거라는 생각에 슬펐다.

"아버지……."

만델라는 아버지의 뺨에 자신의 뺨을 대고 흐느꼈다.

며칠 후, 결국 아버지는 숨을 거두고 말았다. 만델라에게는 태어나서 처음 느껴 보는 커다란 슬픔이었다. 아버지를 가장 존경했고, 아버지를 그림자처럼 따랐다. 그런 존재가 없어지자 만델라는 마치 까마득한 바다 한가운데에 혼자 내버려진 기분을 느꼈다. 장례를 치른 뒤 어머니가 만델라에게 말했다.

"얘야, 우리는 이제 이곳을 떠나야 한단다."

"네? 왜요?"

만델라의 말에 어머니는 아무런 대답도 하지 않았다. 결국 만델라는 떠나야 하는 이유도 모른 채 어머니를 따라나섰다. 만델라는 그동안 가축을 돌보고 친구들과 어울려 놀던 초원을 돌아보고는 터벅터벅 길을 떠났다.

만델라가 어머니와 함께 도착한 곳은 음케케즈웨니 대궁전이었다. 이곳은 템부족의 왕 욘긴타바가 머무르는 곳이었다. 우아하고 멋진 궁전을 본 만델라는 입이 떡 벌어졌다.

"만델라, 이제 이곳이 네가 지내게 될 곳이야."

"그게 무슨 말이에요, 어머니?"

"욘긴타바가 네 보호자가 되겠다고 했단다. 널 친아들처럼 대해 주실 거야. 네 아버지가 생전에 욘긴타바에게 베풀었던 은혜를 잊지 않은 거겠지."

"그럼 어머니와는 떨어져 살게 되는 거예요?"

"그래. 만델라, 아버지는 네가 교육을 받아 더 큰 세상으로 나아가길 원하셨단다. 그건 너도 잘 알고 있을 거야. 여기서 더 많이 공부해서 아버지의 바람처럼 큰 사람이 되어라."

"어머니……."

만델라는 어머니를 바라보며 눈물을 글썽거렸다.

"얘야, 언제나 용기를 잃지 마렴."

만델라는 어머니의 따뜻한 눈빛에서 사랑과 믿음을 느낄 수 있었다.

어두운 현실

"불합리한 전통은 전통이 아니고 관습일 뿐입니다.
만델라가 치른 최초의 투쟁이었다. 만델라는 이 일로,
힘은 올바른 정의로부터 나온다는 신념을 굳혔다."

만델라는 음케케즈웨니에서의 새로운 생활에 빠르게 석
응해 나갔다. 궁전 바로 옆에 있는 학교에 다니면서 영어와 역
사, 지리 등을 공부했다. 하지만 사람들은 쿠누에서 온 만델라
를 촌뜨기라고 업신여겼다. 그럴수록 만델라는 주눅 들지 않
고 최선을 다했다.

하루는 마티올로 목사의 딸과 우연히 마주치게 되었다.

'와, 정말 예쁘다. 말이라도 걸어 볼까?'

만델라는 용기를 내어 여자 아이에게 다가갔다.

"저어, 안녕?"

"안녕?"

"난 만델라야. 여기 온 지 얼마 안 되서 아는 사람이 없어. 나랑 친구할래?"

"그래. 난 위니라고 해. 만나서 반가워."

"나도 만나서 반가워."

만델라는 생전 처음으로 가슴이 두근두근거렸다. 위니는 활발한 소녀였고 두 사람은 금방 친해졌다. 하지만 위니의 언니 노마음폰도는 만델라를 곱지 않은 시선으로 바라봤다.

"위니, 만델라 말이야. 딱 봐도 형편없이 가난한 아이처럼 럼 보여."

"무슨 말을 그렇게 해. 얼마나 재미있고 착한 친구인데."

"우리 아버지는 목사야. 만델라가 우리와 어울릴 거라고 생각해?"

"그러지 못할 건 또 뭐람."

"넌 아직 어려서 몰라. 그럼 이렇게 하자."

"뭘?"

"만델라를 우리 점심 식사에 초대해. 분명 촌뜨기라 식사 예절도 모를 거야."

"싫어. 그건 친구를 골탕 먹이는 거잖아."

"대신 그 아이가 식사 예절을 안다면 친하게 지내도 상관하지 않을게. 어때?"

"좋아."

다음날, 만델라는 위니의 점심 식사에 초대를 받았다. 사실, 만델라는 그때까지 포크와 나이프를 사용할 줄 몰랐다. 심술궂은 언니는 만델라가 식탁에 앉자 구운 닭 날개를 일부러 자르지 않고 접시에 담아 주었다.

'어떡하지? 실수라도 하면 위니가 실망할 텐데.'

다른 사람들이 포크와 나이프를 사용하는 것을 초조하게 지켜보던 만델라가 천천히 고기를 자르기 시작했다. 그러나 처음 만져 보는 도구가 마음대로 움직여 줄 리 없었다.

"끼익! 끼익! 탁!"

제멋대로 움직이던 나이프가 접시에 부딪혀 바닥으로 굴러 떨어졌다. 노마음폰도는 비웃으며 위니에게 속삭였다.

"저것 봐. 내가 말한 대로지."

만델라는 당황하여 식사를 하는 둥 마는 둥 하고는 자리에서 일어섰다.

"봤지? 위니! 만델라는 식사 예절도 모르는 한심한 아이야. 허둥지둥 나가는 꼴하고는!"

노마음폰도는 깔깔대며 웃었다.

"언니, 사람을 왜 그렇게 놀려? 언니가 뭐라고 하든 내가 만델라에게 사과할 거야."

이 일로 만델라와 위니는 더 가까워졌다.

두 사람은 몇 년 동안 그렇게 친하게 지내다가 서로 다른 대학에 입학하면서 멀어졌다.

1960년까지 흑인들을 위한 남아프리카 최고의 교육기관은 앨리스 시에 있는 포트헤어 대학뿐이었다. 포트헤어 대학은 남아프리카 젊은이들에게 희망을 주는 곳이기도 했다. 옥스퍼드나 케임브리지, 하버드나 예일 대학이 모두 합쳐진 것과 같은 곳이 바로 포트헤어 대학이었다. 만델라는 스물한 살이 되던 해에 포트헤어 대학에 입학했다.

학교에 간 첫날, 만델라는 우연히 바바자를 만났다. 바바자는 만델라보다 상급생으로 학교에 오기 전부터 알던 사이였다. 만델라는 바바자에게 반갑게 인사를 건넸다. 하지만 바바자의 반응은 무척이나 차갑고 거만했다.

"만델라, 너 신입생 기숙사에 있지?"

"네."

"내가 그 기숙사의 주거위원회 위원이야. 그럼 다음에 또 보자."

"저, 혹시 기숙사에 사세요?"

"아니. 기숙사에 살진 않아. 왜 그런 걸 묻지?"

"아, 아무것도 아니에요."

만델라는 기숙사에 살지도 않는 상급생이 주거위원회 위원이라는 게 이상했다. 며칠 후, 만델라는 몇몇 다른 신입생들과 함께 주거위원회에 정작 기숙사에 사는 학생이 한 명도 없다는 사실을 논의하기 시작했다.

"이건 정말 이상한 일이야. 왜 기숙사에 살지도 않는 상급생이 주거위원회 위원이라면서 목에 힘을 주는 거지?"

"그건 만델라 말이 맞아."

"선배들에게 물어보니 그냥 관행이라고 하던데……, 우리가 괜히 문제를 키우는 건 아닐까?"

신입생 하나가 걱정스레 말했다. 하지만 만델라는 더 또렷한 목소리로 말했다.

"무슨 소리야. 관행이라고 해서 다 옳은 게 아닌데. 이건 분명 문제가 있어. 우리가 모른 척한다면 이게 바로 바보스러운 전통이 될 거야."

만델라는 기숙사에서 지내는 학생들을 대상으로 운동을 전개했다. 주거위원회가 기숙사에 거주하는 신입생과 상급생으로 구성되어야 한다는 주장을 펼치기 시작했다. 이 운동은 학생들의 호응을 얻었고 몇 주 후, 상급생들도 모임을 소집해 대책을 마련하기 시작했다.

"건방지게 신입생들이 뭐하는 거야? 왜 우리가 영어도 제대로 못 하는 만델라와 같은 촌뜨기 놈들을 상대해야 하냐고?"

상급생 중 한 명이 단단히 화를 내며 말했다.

신입생과 상급생의 갈등의 골이 깊어지자 학장은 두 집단을 모두 모아 놓고 회의를 열었다.

"학장님, 소중히 지켜온 전통을 갑작스레 바꿀 순 없습니다."

상급생들은 별다른 주장도 없이 가식적인 눈물로만 호소

했다.

이어 신입생 대표로 참석한 만델라가 침착하게 주장을 폈다.

"만일 저희 의사가 반영되지 않는다면 저희는 주거위원회를 인정하지 않을 겁니다. 그렇게 되면 학내 모든 위원회의 권위는 땅에 떨어지겠지요. 불합리한 전통은 전통이 아니고 관습일 뿐입니다."

학장은 생각에 잠겼다. 오래된 관습을 지키느냐 새로 공정한 질서를 만드느냐, 이것이 문제였다.

"좋아. 만델라 말대로 하게."

결국 학장은 만델라가 제안한 새로운 질서를 수용하기로 결정했다. 만델라가 치른 최초의 투쟁이었다. 만델라는 이 일로, 힘은 올바른 정의로부터 나온다는 신념을 굳혔다.

★

만델라는 교실 밖에서도 많은 것을 배웠다. 만델라는 축구와 장거리 달리기를 좋아했다. 장거리 달리기는 만델라에게 큰 깨달음을 주기도 했다.

만델라가 달리기에 소질이 있는 것은 아니었다. 하지만 열심히 노력한 결과 만델라는 장거리 달리기에서 뛰어난 성적을 낼 수 있었다.

'오래 달리는 것은 선천적인 재능보다 연습과 노력이 더 중요해.'

이는 어린 시절 당나귀 등에서 떨어진 후 얻었던 교훈과 함께 만델라의 중요한 신념이 되었다.

방학을 보내던 어느 날, 만델라는 친구인 폴 마하바네와 트란스케이의 수도인 움타타에 가게 되었다. 움타타 우체국 근처에 서 있던 그들에게 한 백인이 말을 걸었다.

"이봐, 거기 너! 잠깐 저 우체국에 들어가서 우표 좀 사와!"

당시에는 백인이 지나가는 흑인에게 심부름을 시킬 수 있었고, 그것이 당연하게 여겨졌다.

"직접 하시죠."

폴이 백인을 똑바로 쳐다보며 말했다.

"너 내가 누군지 알아?"

화가 난 백인이 소리쳤다.

"당신이 누군지 알 필요는 없습니다. 그렇지만 당신이 뭐

하는 사람인 줄은 알겠네요."

"뭐? 이 건방진 흑인 놈이! 그게 무슨 말이야!"

"가만히 있는 사람에게 강제로 일을 시키고, 소리까지 지르는 걸 보니 당신은 깡패군요."

"뭐라고? 이 녀석, 혼나고 싶어!"

백인은 고함을 지르고 주먹을 휘둘렀다. 그러나 곧 당당한 폴의 태도에 당황해 하며 자리를 떠났다.

"폴, 용기 있는 일이지만 난처하게 되면 어쩌려고 그래?"

"만델라, 우리가 흑인이라고 해서 하루에도 수십 번씩 모욕적인 일을 견뎌야만 하는 건 아니잖아."

폴은 담담하게 말했다.

만델라는 그런 폴의 행동을 보며 자신을 한번 되돌아보았다. 시간이 흐를수록 백인과 흑인 차별 정책에 대한 만델라의 관심은 높아졌다.

★

1942년 말, 만델라는 대학에서 학사 학위를 받기 위한 최종 시험을 통과했다. 만델라는 학위가 자랑스러웠지만, 이 나라에서 학위가 성공을 보장하는 열쇠가 아니라는 사실 역시 잘 알고 있었다.

이듬해인 1943년 어느 날 밤, 만델라는 자신의 인생에 커다란 영향을 준 한 사람을 만났다. 바로 문학과 법학에 능통한 안톤 렘베데였다.

"아프리카는 흑인들의 땅이야. 흑인들의 것을 주장하는 것 역시 흑인들의 손에 달린 일이지. 어째서 흑인은 열등하고 백인은 우월하다는 아무 근거도 없는 생각을 갖는 거지? 그거야말로 남아프리카공화국 해방에 가장 큰 걸림돌이야."

안톤 렘베데의 말에 만델라는 큰 감명을 받았다.

만델라 역시 알게 모르게 영국의 교육과 백인 문화에 많은 영향을 받았던 터라 충격은 더 컸다.

'그래. 나의 검은 피부색은 고향을 닮았어. 내 본질을 억압하는 식민주의를 더 이상 두고 볼 수는 없어!'

만델라는 아프리카 민족회의의 청년 조직인 청년동맹을 만들기 위한 계획을 추진했다. 이것은 흑인 인권 운동의 시발점이 되었다.

검은 땅의 희망

> "자신을 필요로 하는 사람들의 목소리를
> 매일 듣는 것이야말로 만델라가
> 앞으로 나아갈 수 있게 만드는 원동력이었다."

1943년, 렘베데와 만델라 등을 포함한 대표단이 소피아타운으로 파견되었다. 아프리카 민족회의 의장인 수마 박사를 만나기 위해서였다.

수마 박사는 아프리카 민족회의에 지대한 공헌을 한 지도자였다. 처음 의장직을 맡을 때 17실링에 불과했던 재정 규모를 4천 파운드로 늘렸으며, 조직 내의 사람들에게 안정감과 자신감을 불어넣어 주었다. 만델라는 이러한 수마 박사로부터 청년동맹 설립에 대한 조언과 충고를 듣고자 했다.

"박사님, 아프리카 민족회의 내에 청년동맹을 만들려고 합니다. 어떻게 하면 사람들의 지지를 얻을 수 있을까요?"

"청년동맹을 왜 만들려고 하는 거죠?

"박사님, 지금 아프리카 민족회의는 붕괴 위험에 처해 있습니다. 조직이 느슨해져 있는 탓이지요. 이러한 상황을 막기 위해서는 새로운 힘이 필요 합니다. 저는 그것이 청년동맹이라고 생각합니다."

"성급한 생각이에요. 서두를 필요 없어요."

"······."

만델라는 수마 박사의 의견을 존중했다. 하지만 만델라가 품어 온 뜻과는 다른 방향의 조언이었다.

수마 박사와의 만남을 마친 뒤, 위원회 사람들은 아프리카 민족회의에 청년동맹을 만들어야 하는 이유를 다시 한 번 이야기했다. 그리고 마침내 이 제안은 받아들여졌다.

1944년, 청년동맹은 엘로프 거리에 있는 반투인 사회센터에서 출범했다. 약 100명의 사람들이 모였고, 대부분 포트헤어 대학 출신의 엘리트들이었다. 이들은 아프리카의 역사와 아프리카인의 업적을 알렸고, 스스로를 가장 우수한 민족이라고 생각하는 백인들의 어리석음을 비판했다.

"우리의 기본 정책은 간단합니다. 남아프리카공화국의 독립을 우리 스스로가 성취하는 것이지요. 청년동맹은 아프리카 민족주의 정신의 원동력이 되어야만 합니다."

만델라를 비롯한 청년동맹 회원들은 굳은 의지로 남아프리카공화국의 독립을 희망했다.

그 무렵 만델라는 월터 시술루와 친분을 쌓아 가고 있었다. 월터는 이름 있는 사업가이자 지역 지도자였다. 살 곳이 마땅치 않았던 만델라는 월터의 집에서 몇 달 동안 함께 지내기도 했다. 월터의 집은 아프리카 사회와 정치에 관해 토론하는 사람들로 붐볐다. 월터의 아내는 현명하고 아름다웠으며 월터의 정치 활동을 적극 지지했다. 만델라는 월터 부부를 보며 항상 부러워했다.

'나도 저런 아내가 있었으면…….'

간절히 바라면 이루어진다고 했던가. 얼마 지나지 않아 만델라는 월터의 집에서 한 여자를 만나게 되었다. 만델라는 첫

눈에 그녀에게 반하고 말았다.

"월터, 저기 저 아가씨는 누구지?"

"아, 에블린? 반하기라도 했나?"

"장난치지 말고 말해 보게."

만델라는 진지했다.

"어어? 이 친구, 진짜 반한 것 같은데?"

"으흠, 그저 궁금해서 그런다네."

"하하하. 에블린은 내 아내와 함께 종합병원에서 간호사 교육을 받고 있어. 말을 아끼고 생각이 깊다네."

"에블린, 에블린이라……."

만델라는 한 치의 망설임도 없이 에블린에게 데이트를 신청했다.

"에블린, 전 월터의 친구 만델라입니다. 괜찮으면 시간 좀 내주시겠어요?"

"아, 이야기는 많이 들었어요."

만델라의 거침없는 태도에 에블린은 수줍게 웃어 보였다.

둘은 금세 사랑에 빠졌고, 곧 단출한 결혼식을 올렸다. 남 아프리카의 전통 혼례를 치르거나 피로연을 베풀 만한 경제적

여유가 없어서였다. 하지만 많은 사람들이 찾아와 결혼을 축하해 주었다. 마음만은 누구보다 넉넉한 두 사람이었다.

★

1946년에는 몇 가지 중요한 사건들이 일어났다. 그 중 하나가 리프 지역에서 발생한 광산 노동자들의 파업 시위였다. 당시 광산 노동자들의 일당은 최저 임금의 5분의 1 수준인 2실링에 불과했다. 아프리카 민족회의의 노동 운동가들은 노동자들에게 주택과 2주간의 유급 휴가, 그리고 하루 10실링의 최저 임금을 제공할 것을 주장했다. 만델라는 노동 운동가들을 만나 함께 토론하면서 지지 의사를 밝혔다. 남아프리카공화국 광산 노동조합 위원장이었던 마크스와는 이를 계기로 깊은 우정을 나누게 되었다.

"마크스, 힘들지 않나?"

"광산을 돌아다니면서 노동자들과 이야기를 해 보면 이정도는 힘든 것도 아닐세. 하하하."

"이런 상황에서도 웃는 자네가 참 대단하군."

"이봐, 만델라. 우리는 저 광부들의 지도자야. 우리가 힘든 표정을 짓고 있으면 우리를 믿고 따라와 주는 광부들의 기분이 어떻겠나? 웃어야지. 웃음이 가장 현명한 무기일세."

만델라와 달리 마크스는 공산당원이었다. 둘은 추구하는 정치적인 길은 달랐지만, 서로를 존중하는 법을 알았기에 좋은 친구가 되었다. 이들은 힘을 모아 1주일 동안 파업을 계속하며 단결을 유지했다.

하지만 정부는 이에 잔인하게 맞섰다. 노동조합의 지도자들은 체포되었고, 광산 지역은 경찰에 의해 진압되었으며, 광산 노동조합 사무실은 무참히 무너졌다. 이 과정에서 12명이 목숨을 잃었다.

"정말 야만적이군!"

결국 이 사건은 정부의 승리로 끝났고 노동조합은 해산되고 말았다.

만델라는 크게 낙담했다. 하지만 결코 포기하지 않았다. 만델라는 마크스와의 친분을 계기로 남아프리카공화국의 상황에 대해 더 많은 생각을 했다.

★

1947년 초, 만델라는 법학 학사 학위를 받은 후 변호사 사무실을 개업하기 위해 공부에 전념하기로 마음먹었다. 그동안 집안 살림이 어려워졌고, 첫 딸이 태어난 지 얼마 되지 않아 병에 걸리고 말았기 때문이었다.

"의사 선생님, 대체 우리 딸이 왜 이렇게 아픈 건가요?"

"글쎄요. 진찰을 해 봐도 명확한 이유가 나오지 않습니다. 일단 약을 처방해 드릴테니 계속 간호를……."

"이렇게 여러 날 동안 고열이 계속되는데는 분명 이유가 있을 것 아닙니까? 제발 우리 딸 좀 살려주세요."

"거참……. 저도 그러고 싶은데 더 이상 드릴 말씀이 없네요."

의사의 마지막 말에 만델라 부부는 눈앞이 깜깜했다.

'이 작은 생명이 꺼져 가는데 병명조차 알 수 없단 말인가.'

만델라는 깊은 한숨을 내뱉었다.

그리고 결국, 만델라의 첫 딸은 태어난 지 9개월 만에 세상을 떠나고 말았다. 부부에게는 더 할 나위 없는 시련이었다. 부부는 오랜 시간 슬픔에 빠져 있었다. 하늘이 이런 부부의 모습을 가여워해서일까, 그로부터 오래지 않아 두 사람은 아기를 다시 갖게 되었다.

★

만델라는 생계를 위해 법률 회사에서 일을 하면서도 흑인 인권 운동을 계속해 나갔다. 그리고 몇 달 동안 준비하여 변호사 자격시험에 합격했다.

"축하해요, 여보. 당신이 해낼 거라고 생각했어요."

"축하하네. 이제 남아프리카공화국에도 흑인 변호사가 운영하는 법률 사무소가 생겼구먼!"

1952년 8월, 만델라는 많은 사람들의 응원 덕분에 요하네스버그 중심가에 조그만 사무실을 열었다. 그곳은 도심가에서 흑인들이 사무실을 빌려 쓸 수 있는 몇 안 되는 곳 가운데 하나였다.

법률 사무소는 언제나 사람들로 가득찼다. 흑인들은 억울한 일이 생기면 만델라의 법률 사무소를 가장 먼저 찾았다. 만

델라는 흑인들의 마지막 희망이었다.

"변호사님, 밤 11시 이후에 길거리를 돌아다녔단 이유만으로 억울하게 벌금을 냈습니다. 흑인이면 돌아다니지도 말라는 겁니까?"

"아이고, 이보시오. 변호사 양반, 갑자기 허연 양반들이 집에 쳐들어오더니, 우리가 몇 대째 살던 땅을 내놓고 나가라 하오. 이건 어느 나라 법이오?"

"식수대에서 물을 마셨는데 처벌 대상이랍니다. 그 식수대가 백인 전용이래요. 그런 법이 세상에 어디 있습니까? 억울합니다."

만델라는 매일마다 흑인들이 겪는 치욕적인 일들을 직접 보고 들었다.

만델라는 이런 일들을 근본적으로 해결할 수 있는 방법을 고민하고 또 고민했다. 자신을 필요로 하는 사람들의 목소리를 매일 듣는 것이야말로 만델라가 앞으로 나아갈 수 있게 만드는 원동력이었다.

시련, 또 시련

"저는 제 정치적 신념을 위해
투쟁할 수 있는 권리를 가지고 있습니다.
이러한 권리는 법이 존재하는 모든 나라에서
당연히 보장되어야 하는 국민의 기본권입니다."

만델라의 법률 사무소를 찾아오는 대다수의 사람들은 자신들과 같은 피부색을 가진 사람으로부터 변호를 받을 수 있다는 사실을 자랑스럽게 생각했다. 하지만 일은 순조롭지 않았다. 만델라가 아무리 훌륭하게 변호를 해도 백인 판사나 검사들의 뿌리 깊은 편견은 크나큰 장벽처럼 다가왔다.

어느 날이었다.

"재판을 시작하기에 앞서 먼저 변호인의 신분을 밝히시오."

재판 도중 백인 판사가 만델라에게 무례한 요구를 해 왔다.

"저는 넬슨 만델라입니다. 피고인의 변호인 자격으로 여기

섰습니다."

만델라는 담담히 말했다.

"나는 당신을 모르오. 당신의 변호사 증명서를 보여 주시오."

판사는 못마땅하다는 듯 눈을 치켜 올리며 말했다.

변호사 증명서는 형식적인 것으로 액자에 넣어 벽에 걸어 놓는 용도일 뿐이었다. 갑작스런 판사의 요구에 법정은 술렁거렸다. 어떤 변호사도 그러한 요구를 받은 적이 없었기 때문이었다. 만델라 역시 당혹감을 감추지 못했다.

"판사님, 그것은 재판과는 아무런 상관이 없습니다. 제 변호사 증명서는 사무실에 걸려 있기 때문에 지금 당장 가져 오기는 힘듭니다."

"그렇다고 신분을 알 수 없는 흑인에게 변호를 맡길 수는 없잖소?"

"정 그렇다면 제 사무실에 연락해서 증명서를 가져오도록 하겠습니다. 일단은 재판을 시작해 주십시오."

"말도 안 되는 소리! 내 재판장에서는 증명서도 없는 흑인이 변호사라고 나설 순 없소. 이 재판은 개정할 수 없소."

"판사님, 이건 억지입니다. 개정을 기다리는 사람에게 이

무슨 불합리한 일이란 말입니까? 개정해 주십시오."

"허, 참! 지금 날 가르치려는 것이오? 흑인 따위가? 이봐! 당장 저 검둥이를 재판장에서 쫓아내!"

만델라는 결국 재판장에서 쫓겨나고 말았다. 만델라의 주장대로 판사의 행동은 억지에 가까웠고, 명백히 재판 절차를 위반한 것이었다. 만델라는 대법원에 사건을 다시 소송했다.

다행히 대법원 판사는 만델라의 손을 들어주었다. 만델라가 흑인이 아니었다면 대법원까지 갈 이유도 없는 터무니없는 사건이었다.

만델라는 변호사 경력을 차근차근 쌓아 나가고 있었지만 넘어야 할 벽이 한두 개가 아니었다.

어느 날, 만델라는 자신의 법률 사무소 근처에서 나이 든 백인 여자의 자동차가 다른 두 자동차 사이에서 옴짝달싹 못하고 있는 것을 보았다. 만델라는 달려가 여자의 자동차를 꺼내 주었다.

"존, 고마워요."

여자가 옅게 미소 지으며 말했다.

존은 당시 백인들이 이름을 알지 못하는 흑인들을 부를 때 사용하는 이름이었다. 이는 백인이 흑인보다 우월하기 때문에 흑인을 아무렇게나 불러도 된다는 잘못된 생각에서 비롯된 것이었다. 만델라는 불쾌한 표정으로 서 있었다. 그 여자는 뭔가를 눈치 챈 듯한 표정으로 6펜스짜리 동전을 만델라에게 내밀었다.

"존, 이것 받아요."

만델라는 화가 났지만 정중하게 거절했다.

"부인, 호의는 감사합니다만 이런 것을 바라고 한 것이 아닙니다."

"그러지 말고 받아요. 흑인에게는 심부름 값을 줘야지. 내가 깜빡했네."

"부인, 흑인이라서 심부름을 한 것이 아니고 도움이 필요한 것처럼 보여서 나섰을 뿐입니다. 오해하지 마세요."

"뭐라고?"

"사람은 누구나 어려움에 처한 사람을 보면 돕습니다. 당연한 일을 했을 뿐이에요."

"어디서 흑인이 건방지게 이래라 저래라 하는 거야?"

"말씀이 지나치네요. 흑인이든 백인이든 다 같은 사람 아 닙니까? 기분 좋게 한 일이니 저는 이만 가 보겠습니다."

무거운 마음으로 뒤돌아서는 만델라의 뒤통수에 뭔가가 '탁' 소리를 내며 부딪쳤다. 화를 이기지 못한 그 여자가 돈을 던진 것이었다.

"흥! 이 검둥이 놈! 난 네 속셈을 다 알아! 6펜스를 보기 좋 게 거절하고는 1실링을 받아 낼 참이었겠지! 어디서 그럴싸한 말로 시커먼 속내를 숨기려고!"

여자는 고래고래 소리를 지르다가 만델라를 쏘아보고는 차 를 타고 사라졌다. 만델라는 좀처럼 기분이 나아지지 않았다.

'정말, 갈 길이 멀구나.'

만델라는 자신이 직접 겪은, 흑인들을 향해 쏟아지는 편견 과 공격을 떠올리며 재판에 더 적극적으로 나섰다. 웅장한 말 투와 몸짓으로 재판장에 모인 사람들의 시선을 끌었다. 만델 라의 변호는 이내 유명해져서 사람들이 쇼를 관람하듯 재판을 보러 올 정도였다. 만델라는 자신만의 방식으로 최선을 다해

많은 어려움들을 이겨 냈다.

★

요하네스버그 중심부에서 서쪽으로 떨어져 있는 소피아 타운은 만델라에게 무척 의미 있는 곳이었다. 청년동맹을 만들기 위해 만났던 수마 박사의 집이 있었고, 이곳만큼 모든 흑인들에게 아늑하고 생기 넘치는 도시도 없었다. 소피아타운의 사람들은 요하네스버그 지역에서 유일하게 흑인 어린이들을 위한 풀장이 있다는 것을 자랑스럽게 여겼다. 그런데 일이 벌어졌다.

"뭐? 서부 지역 이전 계획?"

만델라는 정부의 정책 내용을 접하고는 깜짝 놀랐다. 소피아타운을 비롯한 몇몇 지역에서 흑인을 쫓아내고 백인 거주구역을 만들겠다는 것이었다.

만델라와 이야기를 나누던 월터도 흥분을 감추지 못했다.

"이건 말도 안 돼. 겉으로는 빈민굴을 없앤다고 하지만 결국 모든 도심을 백인들의 것으로 만들겠다는 것 아닌가. 그렇게 되면 흑인들은 하루아침에 살던 집을 잃게 돼."

"자네 말이 맞네, 월터. 정말 끔찍한 일이야. 당장 반대 운동을 시작해야 해."

만델라는 월터와 함께 서부 지역 이전 반대 운동을 시작했다. 구호는 그야말로 단순했다.

'소피아타운은 내 집이다. 우리는 이주하지 않는다!'

만델라의 가슴속에서 울컥한 것이 올라왔다.

'왜 우리는 이토록 당연한 말을 하면서 정부와 싸워야 하지?'

만델라의 움직임을 지켜보던 경찰은 신경질적이고 오만하게 굴었다.

"이봐, 조심해. 까딱하면 체포 당해!"

"무얼 근거로 그렇게 말하는 거죠? 전 정당하게 하고 싶은 말을 할 뿐입니다. 만약 나를 체포한다면 그것이야말로 불법이지요."

"흥!"

만델라는 구호를 반복적으로 외치고 노래를 만들어 집회의 분위기를 고조시켰다. 집회에 참석한 흑인들은 열광했다.

"반대 운동을 시작한 후 정부 쪽에서 탄압을 해 오고 있습

니다. 하지만 그것은 정부가 이제 우리들의 힘을 겁내고 있다는 증거이기도 합니다."

"옳소!"

"법을 무시하는 정부를 더 이상은 두고 볼 수만은 없지 않습니까? 여러분!"

"와!"

집회의 분위기가 뜨거워질수록 만델라를 못마땅하게 여기는 시선도 늘었다.

1954년 4월, 법조계는 만델라를 정식 변호사 명단에서 뺄 것을 대법원에 요청했다. 곧 사무실로 서류가 도착했다. 그 일로 만델라는 일주일에도 수십 번씩 법원을 들락거려야만 했다.

만델라의 상황이 알려지자 도움을 주겠다는 사람들이 하나둘 생겨나기 시작했다. 그들 중에는 남아프리카공화국 출신의 유명한 백인 변호사도 있었다. 만델라는 인종 차별이 극심한 가운데서도 피부색까지 초월해 유대 관계가 이어진다는 데에 깊은 감동을 받았다. 그리고 남아프리카공화국에 여전히 양심을 지키는 사람들이 남아 있다는 사실에 희망을 얻었다.

"우리 이야기는 간단합니다. 이번 사건은 정의라는 개념에 대한 도전이지요. 저는 제 정치적 신념을 위해 투쟁할 수 있는 권리를 가지고 있습니다. 이것은 결코 남에게 양도할 수 없는 것이지요. 그리고 이러한 권리는 법이 존재하는 모든 나라에서 당연히 보장되어야 하는 국민의 기본권입니다."

법정에서 만델라는 또박또박 힘주어 말했다.

"음, 판결을 내리겠소. 비록 정부에 반대되는 정치적 신념이라 할지라도 누구나 본인의 신념에 따라 운동할 수 있는 권리가 있소. 법조계가 제기한 소송을 기각하겠소."

판결을 내린 람스보텀 판사는 정부의 대변인이 되는 것을 거부하고 사법권의 독립을 지지한 올곧은 신념의 소유자였다.

이로써 만델라에게 부당하게 제기된 기소는 모두 끝을 맺는 듯했다. 그러나 이는 더 큰 시련을 예고하는 것에 불과했다.

비폭력 저항의 한계

"통행증에 대한 흑인 여성들의 저항은
남아프리카공화국 반정부 투쟁의 표준처럼 자리 잡았다.
만델라는 이보다 더 멋진 투쟁은 없을 거라고 생각했다."

    소피아타운 이전을 반대하는 운동은 오랫동안 계속되었다. 1954년부터 그 이듬해까지 일주일에 두 번, 수요일과 일요일 저녁에 반대 시위가 벌어졌다. 구호는 점점 더 거세졌지만 정부는 침묵과 탄압으로 일관할 뿐이었다.

    "이 겁쟁이들아! 적들이 소 떼를 잡아갔다!"

    침착한 태도를 보이던 수마 박사마저도 과격한 구호를 외쳤다. 이 구호는 지난 세기에 흑인 용사들이 전쟁에서 용감하게 싸우도록 부추기는 데 사용된 것이었다.

    정부가 소피아타운 이전 날짜를 1955년 2월 9일로 정했다는 소식이 들려왔다.

"안 돼! 정부 마음대로 하게 내버려 둘 수는 없어!"

만델라가 소리쳤다.

"1년이 넘었는데도 제자리걸음이야. 대체 어떻게 해야 하
는 건지……."

월터가 자신 없는 목소리로 말했다.

"바보 같은 소리 말게, 월터! 우리는 남아프리카공화국에
사는 모든 흑인들의 희망이야. 포기하는 순간 끝나는 걸세."

"나도 알고 있네. 너무 답답해서 하는 말이야."

"일단 지방의 영향력 있는 사람들을 만나 보세. 그리고 강
제로 쫓겨난 흑인들을 변호할 수 있는 방법을 찾아보자고."

하지만 만델라의 이러한 노력도 소용없었다. 정부는 이전
계획을 포기할 생각이 없었다.

강제 이전 하루 전날, 광장에서 특별한 집회가 열렸다. 하
루아침에 살 곳을 잃고 떠나게 된 1만여 명의 흑인들이 모여들
었다. 긴장감이 감도는 가운데 몇몇 부족의 추장과 지도자의
연설이 진행되었다. 모두 밤 새워 장벽을 세우고, 맞서 싸울
준비를 했다.

2월 9일, 마침내 운명의 새벽이 밝았다.

"우리의 시체를 밟고 시행하라!"

흑인들은 처절한 구호를 외치며 저항했다. 하지만 그들의 힘은 턱없이 모자랐다.

"이봐! 빈 집은 모두 때려 부숴! 앞을 가로막는 검둥이들도 모조리 잡아들이라고!"

군대와 경찰은 잔인하게 소피아타운을 치고 들어왔다. 만델라가 준비한 저항은 모두 힘없이 무너지고 말았다. 결국 소피아타운은 덜컹거리는 트럭 소리와 함께 사라졌다.

'말도 안 되는 이유로 삶의 터전이 사라지다니……. 연설, 파업 등과 같은 비폭력 저항은 쓸모가 없는 걸까?'

만델라는 깊은 고민에 빠졌다.

★

1년 전부터 만델라와 에블린의 결혼 생활은 느슨해지기 시작했다. 에블린은 병원에서 승진하는 일에 몰두했고, 만델라는 아프리카 민족회의 일에만 집중했다. 자연스레 부부 사이는 멀어질 수밖에 없었다.

"왜 이렇게 매일 늦는 거예요?"

"에블린, 내가 하는 일이 많은 것을 잘 알고 있잖소."

"여보, 이제 사회운동은 그만두세요."

"사회운동이 얼마나 중요한데 그런 소리를 하는 거요?"

만델라가 단호한 목소리로 말했다.

"하지만 그것만큼 가족과 함께 지내는 시간도 중요해요. 그리고 당신은 신도 믿지 않지요? 종교적 신념이야말로 당신이 하루 종일 떠들고 다니는 투쟁보다 가치 있는 거예요."

"물론 당신의 종교를 존중하오. 그렇지만 헌신을 강요하는 종교는 복종을 가르칠 뿐이오."

"당신이 그렇게 힘쓰고 다니는 정치야말로 정신을 혼란스럽게 만드는 거예요. 이제 변호사 일만 하도록 해요, 제발."

"에블린……."

두 사람의 갈등은 시간이 흐를수록 점점 더 깊어져 갔다.

만델라는 에블린과 화해할 수 없는 지경에 이르렀다고 생각했다. 만델라에게 민족을 위한 투쟁이란 결코 포기할 수 없는 것이었고, 에블린에게는 가정이 아닌 다른 것에 헌신하는 남편

이 이상할 따름이었다. 결국, 그들의 결혼 생활은 깨어졌다.

그렇게 만델라는 소중한 가정을 잃고 말았다. 만델라에게는 무척이나 쓰라린 경험이었다.

하지만 그로부터 3년 후, 만델라는 여성 사회사업가 위니를 만나 다시 한 번 가정을 꾸렸다.

★

당시 남아프리카공화국에서는 여성들의 통행증 발급이 큰 관심사였다. 정부는 흑인 여성들에게 통행증을 발급하려 하지 않았고, 흑인 여성들은 이를 인정할 수 없었다. 정부는 흑인 여성들을 달래기 위해 통행증이 참고 서류에 불과하다고 이야기했지만 흑인 여성들은 속지 않았다. 통행증을 제시하지 못하면 벌금을 내거나 한 달 동안 감옥에 갇혀 있어야만 했다.

흑인 여성들은 곧 여성동맹을 만들어 정부에 저항했다.

어느 날, 위니가 식사를 마친 만델라에게 조용히 자신의 결심을 밝혔다.

"여보, 저도 통행증 발급 투쟁에 참여할 거예요."

"응? 당신이?"

만델라는 투쟁에 참여하겠다는 아내의 생각을 지지했지만 한편으로는 걱정이 되기도 했다.

"올랜도 여성 단체가 참여한다고 해서요. 저도 같이 나가 보려고요."

"쉽지만은 않을 텐데…… 괜찮겠소?"

"전 괜찮아요. 투쟁은 당신이 항상 하고 있는 일이잖아요."

위니는 걱정스런 표정을 짓고 있는 만델라를 향해 밝게 웃어 보였다.

"용기 있는 당신이 존경스럽소. 힘내고 몸조심하도록 해요."

위니는 비교적 부유한 가정에서 태어나고 자랐다. 그래서 어둡고 힘든 현실과는 어느 정도 동떨어진 삶을 살았다. 적어도 끼니 걱정을 하는 일은 없었다. 만델라는 위니에게 처음 닥칠지도 모를 시련이 걱정되었다. 게다가 투쟁 중에 감옥에라도 가게 되면 사회사업가로서의 일이 끊길지도 몰랐다.

하지만 위니는 강인한 사람이었다. 만델라는 위니의 손을 꼭 잡아 주었다.

★

    흑인 여성 수백 명이 요하네스버그 중심가의 '중앙 통행증 사무소'에 모여들었다. 늙은 사람, 젊은 사람, 부족 옷을 입은 사람, 말끔한 신식 옷을 입은 사람 등 너 나 할 것 없이 모두 구호를 외쳤다.

    "우리들에게도 자유를 달라!"

    "모두가 마음대로 오고 갈 수 있는 세상!"

    하지만 단 몇 분 만에 무장 경찰 수십 명이 몰려들었다. 이들은 그곳에 모인 수백 명의 흑인 여성들을 포위해 체포한 뒤 경찰차에 태워 갔다. 흑인 여성들은 처음부터 끝까지 의연하고 밝았다.

    "내일 일하러 갈 수 없다고 주인에게 얘기해 주세요!"

    끌려가던 한 흑인 여성이 취재기자에게 소리쳤다.

    이 소식을 접한 만델라는 아내 위니를 만나러 갔다. 위니는 만델라를 보자 곧 환하게 미소지었다.

    "여보!"

    "여보! 어디 다친 데는 없소?"

"네, 없어요."

"다행이야. 당신이 정말 자랑스럽소. 헌데 지금 내가 처리해야 할 일이 너무 많아서 오래 머무를 순 없소."

"네, 알아요. 이렇게 얼굴 보았으니 됐어요."

"그래, 여보. 기운내요."

감옥에 갇혀 있던 흑인 여성들은 2주 후 모두 석방되었다.

통행증에 대한 흑인 여성들의 저항은 남아프리카공화국 반정부 투쟁의 표준처럼 자리 잡았다. 만델라는 이보다 더 멋진 투쟁은 없을 거라고 생각했다.

통행증 반대 시위가 벌어지는 동안 아프리카 민족회의도 긴밀하게 움직이고 있었다. 정부는 조직을 금지시키겠다고 위협했지만, 아프리카 대륙의 도처에서 자유를 부르짖는 투쟁은 계속되었다.

그러던 중 끔찍한 사건이 일어났다. 요하네스버그 남쪽 산업 단지 안에 있는 조그만 동네 샤프빌에서였다.

이곳의 젊은이들이 경찰서를 에워싸고 시위를 시작했다. 시위대는 잘 통제된 상태였고 전혀 무장하지 않은 채였다.

"자유를 보장하라!"

"모든 이에게 통행증을 발급하라!"

평화롭게 울려 퍼지던 시위대의 구호가 기세를 더해 갈 때였다. 경찰 70여 명이 시위대에 압도되어 겁에 질리고 말았다.

"저 망할 흑인 놈들……. 뭐하는 거야?"

"우리는 총을 가지고 있잖아. 확 쏴 버릴까?"

"그래, 본때를 보여 줘야 해!"

수군거리던 경찰들은 아무런 경고나 발포 명령 없이 군중을 향해 총을 겨누었다.

"으악!"

총구가 겨누어지자 시위를 하던 흑인들은 해산했고, 공포에 질려 달아났다.

"겁쟁이 놈들!"

경찰들은 도망가는 흑인들을 향해 총을 쐈다. 700발 이상이 군중에게 발포되었고, 70명 가까이 되는 사람이 그 자리에서 즉사했다. 여자와 어린이를 포함해 400명이 넘는 사람이 상처를 입었다. 이것은 대량 학살이었다. 다음 날, 세계 곳곳에서 발행되는 신문 1면에 이 끔찍한 죽음에 관한 기사가 실렸다.

"이게 대체 무슨 일이야! 그 많은 사람들이 다 무슨 죄란 말이야!"

만델라는 분노했다.

만델라뿐만 아니라 모든 흑인들이 분노와 슬픔에 몸을 떨었다. 아프리카 민족회의는 거대한 조직을 만들었고 샤프빌 대학살에 항거하기 위해 군중 5만 명이 케이프타운에 모였다. 정부는 비상사태를 선포했다. 남아프리카공화국은 거대한 공포의 급류 속에 휘말렸다.

민족의 창

"우리는 투표권을 모든 성인에게 부여할 것을
요구합니다. 그리고 우리의 목적을 달성하기 위해
무엇이든 할 준비가 되어 있습니다."

1960년 3월 30일 새벽, 만델라는 문을 두드리는 거칠고 날
카로운 소리에 잠에서 깼다.

"올 것이 왔군."

그는 조용히 중얼거리며 문을 열었다. 무장한 보안경찰 6명
이 서 있었다.

"넬슨 만델라, 체포다!"

영장도 없이 만델라는 체포되었다. 만델라에게 변호사를
부를 기회조차 주어지지 않았다. 만델라는 아내에게 안심하라
는 말도 할 수 없었다. 끌려 나오며 간신히 고개를 끄덕일 수

있었을 뿐이었다. 만델라는 비좁은 감옥에 갇히게 되었다.

"말을 듣지 않으면 머리를 박살내 버릴 거야!"

백인 경찰은 퉁명스러운 표정을 하고 소리쳤다. 샤프빌 학살이 있고 난 직후라 만델라에게는 그 위협이 거짓말처럼 들리지 않았다.

"너! 경찰관 앞에서 하는 행동이 그게 뭐야? 주머니에서 손 빼!"

경찰 서장이 만델라에게 다가와 고함을 질렀다.

"음식을 먹게 해 준다면 손을 빼겠소."

만델라는 이를 악물고 대답했다.

그로부터 12시간 이상이 지난 뒤에야 묽디묽은 옥수수 죽이 나왔다. 숟가락은 없었다. 끌려온 사람들은 씻지도 않은 손으로 그릇을 부여잡고 세상에서 가장 진귀한 음식이라도 되는 듯 허겁지겁 먹어 치웠다.

얼마 뒤 보안경찰 한 사람이 찾아왔다.

"이름이 뭐지?"

"만델라."

"만델라, 국가비상사태법에 따라 나에게 부여된 권한으로

너를 체포한다."

만델라는 온갖 불합리한 일들에 대해 따지고 들 틈도 없이 프리토리아 지방의 교도소에 보내졌다.

프리토리아 지방 교도소는 피부색에 따라 죄수들을 분리했다. 백인과 분리되었을 뿐만 아니라, 흑인, 인도인, 혼혈인은 각기 달리 취급받았다. 흑인, 인도인, 혼혈인이 같은 양의 아침 식사를 받았지만 인도인과 혼혈인에게는 설탕이 찻숟가락 반 정도 더 지급되었다. 저녁 식사는 인도인과 혼혈인에게 더 많은 빵이 지급되었다. 이는 흑인이 서구 음식인 빵을 먹지 않을 것이라는 생각에서 비롯된 것이었다. 백인 죄수들의 식사는 이들 모두의 식사를 합친 것보다 훨씬 좋았다. 백인에게는 흰 설탕과 흰 빵이 주어졌다.

만델라는 감옥에서 겪는 온갖 고통보다 이러한 인종 분리 정책이 더 한탄스러웠다. 그렇지만 만델라는 감정을 추스리고 석방될 준비를 차근차근 해 나갔다. 자신의 신념에 대한 확신이 있었기 때문이었다.

　만델라는 재판장에 나가 판사 앞에서 그동안 정리해 온 자신의 생각을 자신 있게 이야기했다.

　"저는 민주주의가 달성될 수 있다고 믿습니다. 우리는 투표권을 모든 성인에게 부여할 것을 요구합니다. 그리고 우리의 목적을 달성하기 위해 무엇이든 할 준비가 되어 있습니다. 투표권이 모든 흑인 성인에게 부여될 때, 우리는 5년 동안 민중 저항을 하지 않겠습니다."

　"대체 아무것도 모르는 사람들이 정부 일에 참견하여 얻는 것이 무엇이지요?"

　"판사님, 문맹 백인들이 투표할 때 무슨 일이 생기는지 아십니까?"

　"마치 어린아이처럼 선거를 주도하는 정치인들의 꼬임에 쉽사리 넘어가겠지요."

　"아닙니다, 판사님. 실제로는 이렇습니다. 그들은 정치인의 정책을 들은 뒤, 그 사람이 국회에 나가게 되었을 때 우리의 이익을 어떻게 대변해 줄 것인지를 생각합니다. 그리고 그것에 근거해 투표를 하지요. 교육과는 상관이 없는 문제입니다."

"자기 이득만 생각한다는 것입니까?"

"아닙니다. 자기 견해를 가장 잘 대변해 줄 수 있는 사람을 찾아 투표한다는 것입니다. 당연한 것 아닙니까?"

"흠……."

만델라의 논리는 판사뿐 아니라 재판을 보는 모든 사람들의 마음을 움직였다.

그리고 마침내 그해 8월의 마지막 날, 국가비상사태는 끝이 났다. 만델라는 5개월 만에 석방되어 집에 가게 되었다.

집으로 돌아온 만델라는 원할 때 산책할 수 있는 것, 가게에 가는 일, 신문을 사는 일, 아이와 아내를 맘껏 바라볼 수 있는 게 얼마나 행복한 것인지 다시금 깨달았다. 그리고 남아프리카공화국의 자유를 향한 걸음을 결코 멈출 수 없다고 결심했다.

★

만델라는 샤프빌 대학살 이후 비폭력 저항에서 무장 투쟁으로 노선을 옮길 필요성을 느꼈다. 그가 여태껏 추구해 온 비폭력 저항은 잔혹한 정부의 총칼 앞에서 힘없이 쓰러질 뿐이었다. 군에 가 본 적도, 전투에 참여한 경험도 없는 만델라에게 아프리카 민족회의에서는 군대를 결성하라는 임무를 주었다. 만델라는 새로 결성된 조직의 이름을 민족의 창이라 지었다.

"조직의 상징으로는 창이 좋지 않을까요?"

"만델라, 왜 그렇게 생각했지?"

"단순합니다. 창과 같이 단순한 무기를 가지고 수세기 동안 백인의 침입에 저항해 온 것이 바로 우리 아프리카인들이기 때문이지요."

"오, 그렇군. 단순하지만 꽤 의미심장하군. 창을 상징으로 하지!"

"네, 알겠습니다."

만델라는 남아프리카공화국의 과거를 파고들었다. 백인이 침범하기 이전과 이후의 역사를 연구하면서 아프리카인과 아프리카인의 전쟁, 백인과 아프리카인의 전쟁, 그리고 백인과 백인의 전쟁까지 모두 공부했다. 그러고 나서 국토의 주요 산업 시설, 교통 체계, 통신망에 관해서도 조사했다. 자세한 정보를 담은 지도를 수집했으며, 전 국토의 다양한 지형을 체계적으로 분석해 정리해 놓기 시작했다. 1961년 6월 26일, 만델라는 투쟁 중에 한 통의 편지를 적었다.

나는 내게 체포 영장이 발효되었다는 것을 알고 있다. 덕분에 경찰이 나를 찾고 있다는 것도 알고 있다. 사람들은 내게 자수하지 말라고 권유하고 있다. 나는 그 충고를 받아들였다. 따라서 내가 인정하지 않는 정부를 상대로 내 자신을 포기하지 않을 것이다. 나는 교도소에 들어앉아 있는 것보다 더욱 많은 위험과 시련이 따르는 이 길을 선택했다. 조국에서 범법자로 살아가려면 나는 내가 사랑하는 어머니와 아내, 자녀들로부터 떨어져 있어야만 한다. 내 사업장의 문을 닫아야 하고 내 직업을 포기해야 하며, 나의 많은 동료들이 그러하듯 빈곤한 삶을 살아야 한다. 나는 여러분들과 더불어 어깨를 나란히 하고 승리를 쟁취할 때까지 조금씩 그리고 더 크게 정부와 싸울 것이다. 여러분은 무엇을 할 것인가? 나는 이미 선택했다. 나는 이 나라를 떠나지 않을 것이다. 그렇다고 항복하지도 않을 것이다. 고난과 희생 그리고 전투적인 행동을 통해서만 자유가 승리할 수 있다. 투쟁은 나의 삶이다. 나는 내 삶이 끝나는 날까지 자유를 위한 투쟁을 계속할 것이다.

★

　1962년, 무장 투쟁을 멈추지 않고 요하네스버그 은신처로 돌아가던 만델라는 또 다시 체포되었다.

　정적이 가득한 독방에 갇힌 만델라는 옆방에서 들려오는 기침 소리를 들었다. 순간, 만델라 머릿속을 스쳐간 사람이 있었다.

　'혹시……?'

　만델라는 자리에서 벌떡 일어나 말했다.

　"월터!"

　"…… 만델라, 자넨가?"

　월터의 목소리가 분명했다.

　만델라가 체포된 직후 월터도 붙잡힌 것이었다. 두 사람은 뭐라 형용할 수 없는 안도감과 놀라움을 느꼈다.

　"감옥에서 이렇게 만나다니. 기분이 정말 묘하군."

　"그래. 일단 외로움은 좀 덜었네. 하하하."

　"이제 곧 재판이 진행되겠지. 기분이 좀 어떤가? 만델라."

　"각오하고 있던 일이니 새로울 것도 없지. 나는 나 자신을

직접 변호해 볼 생각이네."

"자네 스스로?"

"응. 나를 좀 더 상징적으로 만들고 싶어. 내 재판이 인종 차별에 대한 시위처럼 보였으면 하네."

"역시 자네는 대단해."

"나를 변호하면서 정부를 재판할 수 있기를 바랄 뿐이네."

"자네라면 할 수 있어."

"하지만 먼저 우리 둘 다 사형 선고를 받지 않아야 하겠지. 하하하."

"하하하, 거 참 털이 삐죽 서는 농담이로구먼."

만델라가 감옥에서 절친한 친구와 이런저런 이야기를 주고받는 동안 뉴스와 신문에서는 만델라 체포 소식을 앞 다투어 알렸다.

'경찰, 2년간의 추격전 막을 내려'

'넬슨 만델라 드디어 체포'

'더 이상 자유의 몸이 아닌 검은 별봄맞이꽃'

만델라의 얼굴이 헤드라인을 장식했다.

★

　1964년 6월, 만델라가 체포된 지 약 2년의 시간이 흘렀다.
'국가 대 만델라 외 다수' 재판이 시작되었다.

　"개정합니다."

　만델라와 월터의 마지막 탄원이 진행되었다.

　"판사님, 범죄는 이들에게 목적이 아닌 유일한 수단이었습
니다. 아프리카인들이 이토록 격렬하게 투쟁한 것은 그들의
자유를 위해서였다는 것을 잊지 말아야 합니다."

　만델라는 조금의 흔들림도 없이 스스로와 그 외의 사람들
을 변호했다.

　"그렇습니다, 판사님. 이들은 폭력을 지지하는 사람들이
아닙니다. 다만 피고들에게는 두 개의 선택, 즉 '머리 숙이고
복종하느냐, 아니면 힘으로 저항하느냐' 밖에 없었음을 알아주
십시오. 이 재판은 피고들에게 관용을 베풀어야만 합니다. 그
렇지 않으면 남아프리카공화국의 미래는 너무도 암담합니다."

　월터 역시 단호한 목소리로 이야기했다.

　판사는 두 사람의 말을 제대로 듣는 것처럼 보이지 않았

다. 이미 모든 것을 결정한 것처럼 보이는 판사를 만델라는 한 순간도 눈을 떼지 않고 바라보았다.

"판결을 내리겠습니다."

법정은 찬물을 끼얹은 것처럼 조용해졌다. 모두가 판사의 입을 주시하고 있었다.

"피고인들은 흑인의 지도자 자격으로 투쟁과 저항을 하게 되었다고 말했습니다. 그러나 나는 그것을 전적으로 믿지 않습니다. 혁명을 조직하는 사람들의 목적은 정권을 바꾸려는 것이며, 여기에는 개인의 욕망이 전혀 없다고 볼 수 없습니다."

판사는 잠시 말을 끊었다.

셀 수 없이 많은 눈이 판사를 바라보고 있었다.

"피고인들은 큰 죄를 지었지만 참작해야 할 것들이 많아 깊이 생각해 판결을 내리는 바입니다. 이 같은 사건은 보통 사형이 선고되나 이 재판의 피고인들에게는 종신형을 내립니다."

판결이 내려지자 그제야 만델라와 월터 얼굴에서 안도의 미소가 피어올랐다.

'살았다! 살았어!'

옥중에서 핀 꽃

"길고 긴 수감 생활이 이어졌다.
수감 생활이 지속적으로 나아지지는 않았지만
만델라는 감옥 안에서의 크고 작은 투쟁들을 승리로 이끌었다."

지쳐 잠이 들었던 만델라는 깜짝 놀라 눈을 떴다. 깊은 밤이었다. 어떻게 하루가 지나갔는지 알 수 없었다. 컴컴한 천장을 바라보며 만델라는 재판 장면을 되짚어 보았다.

그때, 감옥 문을 두드리는 소리가 들렸다. 창살 너머로 얼굴이 희미하게 보였다.

"깨어 있습니까?"

"네."

"당신은 운이 좋군요. 우리는 당신이 '자유'를 누릴 수 있는 곳으로 데려갈 겁니다. 그곳에서는 돌아다닐 수도 있고 회색

벽만이 아니라 바다와 하늘도 볼 수 있어요."

"……."

만델라는 그 말이 마냥 비아냥거리는 것만은 아님을 알았다. 하지만 그 사람이 말한 '자유'는 오랜 시간 만델라가 꿈꿔왔던 '자유'와는 다른 것이었다.

"문제만 일으키지 않는다면 바라는 대로 얻을 겁니다."

낯선 목소리를 따라 감옥 밖으로 나오자 월터를 비롯해 6명의 동료들이 보였다.

만델라와 일행은 모두 수갑을 찬 채 경찰차 뒤 칸에 태워졌다. 자정이 훨씬 지난 시간이었지만 누구도 피곤한 기색은 보이지 않았다. 만델라와 일행은 먼지가 쌓인 바닥에 앉아 노래도 부르고 구호도 외치면서 재판 내내 쌓였던 긴장을 풀었다. 경찰들도 만델라와 일행을 친절히 대했다. 샌드위치와 마실 것을 주며 이야기를 건네기도 했다.

"내 생각엔 당신들 감옥에 오래 있지 않을 거요. 밖에서 당신들을 석방하라는 요구가 너무 크거든. 2년 안에 석방되어 국민적 영웅이 되어 돌아올 거라니까!"

하지만 이 친절한 경찰의 말은 한참이나 빗나가고 말았다.

만델라 일행은 경찰의 철통같은 경비 속에 도시 외곽의 작은 공항에 도착했다. 그들은 낡은 군용 수송기에 태워졌고 갈 곳을 알지 못해 두려움에 떨었다.

한 시간 가량 지났을까. 서서히 새벽이 열리기 시작했다. 대서양의 검푸른 물을 비집고 희미하게 로벤 섬의 윤곽이 드러났다. 만델라와 그의 동료들이 다시 감옥 생활을 하게 될 곳이었다.

"아니 왜 짧은 바지를 입으라는 겁니까?"

감옥에 온 첫 날, 만델라는 반바지를 보자마자 항의를 했다.

"이봐! 다들 잘만 입고 다니는데 왜 생트집이야?"

간수는 귀찮다는 표정으로 투덜거렸다.

"어떤 바지를 입느냐는 강요할 사항이 아닙니다. 전 긴 바지를 입고 싶습니다."

"허, 참. 왜? 아예 드레스룸을 만들어 달라고 하지?"

"말이 안 통하는군요. 교도소장을 만나게 해 주십시오."

간수는 고개를 절레절레 흔들며 만델라의 말을 무시했다.

만델라는 개선할 사항, 건의할 사항 등을 목록으로 작성했다. 간수들에게 그 목록을 여러 번 건넸지만 번번히 무시당할 뿐이었다.

"여러 해 계속된 관습이 쉽게 고쳐질 리가 없지."

만델라는 포기하지 않고 담담한 표정을 지었다.

로벤 섬에서 맞은 두 번째 주말, 만델라 앞에 낡은 긴 바지 한 벌이 놓여 있었다. 긴 바지를 보는 순간 만델라는 몹시 기뻤다. 바지를 입기 전 만델라는 먼저 다른 사람들에게도 긴 바지를 줬는지 확인했다.

"이보게, 혹시 새로 받은 옷 없나?"

"응? 무슨 옷? 들어올 때 받은 옷이 전부인걸. 자네는 다른 옷을 더 받았는가?"

"아⋯⋯, 아닐세."

잠시 후 만델라는 간수를 다시 불렀다.

"이봐요. 이 바지 다시 가져가시오."

"만델라, 긴 바지를 달라고 며칠이나 떼를 써서 줬더니 도로 가져가라고? 대체 무슨 변덕이야!"

"저한테만 주면 다른 사람들이 특권이라 생각하지 않겠소."

"좋아. 마음대로 하라고!"

"제게 긴 바지를 줄 수 있다면 다른 사람들에게도 줄 수 있는 거 아닌가요?"

"당신이랑 얘기하면 골치만 아파. 그만두자고!"

만델라는 언젠가 감옥에서도 옷 정도는 자유롭게 선택할 수 있지 않을까를 상상하며 마음을 달랬다.

★

로벤 섬의 수감자들은 매일 아침 5시 30분에 일어나야만 했다. 만델라는 일찍 일어나는 습관이 몸에 배어 있었기 때문에 어렵지 않았다. 하지만 동료들은 아침 일찍 일어나 감옥을 청소해야 하는 일을 무척 힘들어 했다.

"휴, 조금만 더 잤으면 소원이 없겠는데."

투덜대는 월터가 아이처럼 보여 만델라는 소리를 죽여 킥킥 웃었다.

"그래도 이때 잠시 자유롭게 이야기를 할 수 있으니 얼마

나 좋은가."

"그건 그렇지. 저 약아빠진 간수 놈들, 간이 변기통을 씻는
다고 더럽다며 가까이 오려고 하질 않으니 말이야."

"하루 중 난 이때가 가장 좋다네."

간수들은 힘든 일을 하면서도 동료와 이야기를 나누며 환
하게 웃는 만델라를 신기하다는 듯 바라보았다.

"뭐가 저렇게 즐거운 거지, 대체. 어쨌거나 대단한 사람인
것 같아."

"그러게 말이야. 글쎄, 오자마자 바지를 긴 걸로 바꿔 달라
고 떼를 쓰더라고. 그래서 막상 주었더니 동료들까지 모두 긴
바지를 주지 않으면 입을 수 없다고 가져가라더라고. 처음엔
그냥 괴짜인가 했는데 그것만은 아닌 것 같아."

식사 시간이 되었다. 감옥에서 식사를 나누어 줄 때, 처음
에는 창살 사이로 옥수수 죽을 건네주었다. 이때 죽을 흘리지
않고 받는 것이 거의 묘기에 가까웠다. 만델라도 이러한 감옥
생활을 하나둘 터득해 나가며 적응해 갔다.

"저건 뭐야? 왜 인도인과 혼혈인에겐 음식을 더 주는 거지?"

만델라 옆에 앉아 있던 동료가 툴툴거렸다.

"그래도 차이가 그리 심하지는 않구먼."

"흥! 정부가 여론을 신경 쓰는 게지. 대중들은 우리가 제대로 된 식사 정도는 하고 있어야 한다고 생각할 테니."

"그렇겠지. 우리가 균형 잡힌 식사를 한다고 떠들어 댈 거야."

"균형은 무슨, 맛이 없어서 먹지도 못할 것을 주면서."

"나도 같은 마음일세. 자네, 어제 준 그 커피 봤는가?"

"커피가 아니고 썩은 옥수수를 갈아서 물에 풀어 놓았더라고."

"아무래도 간수에게 다시 한 번 항의를 해야 할 것 같아."

만델라와 동료들이 불만을 드러낼수록 간수들은 차갑고 거칠게 반응했다.

"야, 이 검둥이 녀석들아! 그 정도면 너희들이 원래 살던 쥐굴 같은 집에서보다 훨씬 더 잘 먹는 거잖아. 투정부리지 말고 감사히 먹어!"

★

길고 긴 수감 생활이 이어졌다. 수감 생활이 지속적으로 나아지지는 않았지만 만델라는 감옥 안에서의 크고 작은 투쟁들을 승리로 이끌었다.

감옥의 분위기는 차차 변하고 있었다. 만델라가 수감된 지 3년이 지난 어느 날, 수감자들 모두에게 긴 바지가 보급되었다.

"긴 바지를 얻는데 3년이 걸렸어……."

만델라는 이 짧지 않은 시간 동안 노력한 결과에 감격했다. 작은 일부터 언젠가는 나아지는 것이 있으리라는 믿음은 그를 활기차게 만들었다.

1969년에 이르러 로벤 섬에서는 수감자들이 매주 다른 한 벌의 옷을 받는 기존의 방식 대신 개인별로 옷을 받아 각자 관리하도록 하는 시스템이 도입되었다. 주말에는 하루 종일 뜰에 나와 거닐 수 있었고, 수감자들 중 혼혈인과 인도인에게만 주어졌던 빵이 가끔 흑인에게도 주어졌다. 조금씩 달라지는 생활 환경에 수감자들의 표정은 한결 가벼워졌다.

"이제부터 체스와 카드 게임이 지급될 거래. 주말에는 이걸 하면서 놀 수 있어."

"와! 정말이야?"

"카드 게임이라니, 대체 얼마 만이야!"

작은 변화 하나에도 수감자들은 힘을 얻었다.

처음에는 험한 말을 일삼고 수감자들의 말을 들은 체 만체했던 간수들의 태도도 좋아졌다. 만델라는 몇몇 편견이 없는 간수들과는 허물없이 친구처럼 지내기도 했다.

"이번 주말에는 체스를 둔 후에 정치 토론을 하세나."

"그렇게 하지. 참여하고 싶어 하는 사람들을 모아 보겠네."

집회나 회의도 자유롭게 열렸다. 간수들은 이러한 모임이 자주 이루어진다는 것을 알았지만 지나치게 겉으로 드러나지 않는 한 간섭하지 않고 놔두었다. 마치 교도소 당국이 교도소를 운영하는 것이 아니라 수감자들이 교도소를 운영하는 것 같은 평화로운 나날들이 이어졌다.

로벤 섬에서 수감 생활을 시작하면서부터 만델라는 앞뜰에 채소를 재배할 수 있게 해 달라고 부탁했다. 몇 해 동안이나 교도소 측에서는 이유 없이 만델라의 이러한 부탁을 거절했지만 끝내 자그마한 채소밭을 마련해 주었다.

"이보게, 만델라. 자넨 타고난 광부야. 어째서 무장 투쟁에 몸담고 있나?"

"허허허, 이 친구. 농담도."

동료들은 만델라에게 광부라는 별명을 붙여 주었다. 하루 종일 땅을 일구는 만델라가 탄을 캐는 광부처럼 보였기 때문이었다.

만델라가 너무 열심히 밭을 일구자 교도소 측에서는 채소의 씨앗을 제공해 주었다. 만델라는 토마토나 고추, 양파와 같은 강인한 생명력을 가진 채소들을 심었고, 채소밭은 차츰 비옥해져 튼실한 열매를 수확할 수 있었다. 교도관들은 만델라가 직접 재배한 토마토나 양파를 선물 받고는 만델라에게 채소밭을 만들도록 허락한 게 참으로 잘한 일이라고 생각했다.

만델라가 이토록 채소밭 가꾸기에 열중했던 것은 그것이 작은 자유를 맛볼 수 있게 해 주었기 때문이었다. 또한 만델라는 밭 가꾸기가 자기 인생의 어떤 면과도 비슷하다고 생각했다. 항상 성실하고 책임을 지며, 필요한 것과 불필요한 것을 구별할 수 있어야 하는 것 등이 그러했다.

★

만델라는 로벤 섬에서 20여 년 동안 지내고 폴스무어 교도소로 옮겨 약 7년을 더 지냈다. 그리고 1990년 2월 11일, 마침내 만델라는 자유의 몸이 되었다.

만델라가 감옥에서 나오자 수많은 사람들이 만델라를 기다리고 있었다. 많은 사람들의 환영을 예상하지 못했던 만델라는 크게 기뻤다. 만델라가 주먹을 힘껏 쳐들자 사람들이 일제히 함성을 질렀다. 27년 만에 만델라는 온몸이 떨리는 힘과 기쁨을 느꼈다. 일흔두 살의 만델라는 마치 새롭게 인생이 시작되는 것 같은 설렘을 느꼈다.

1만 일 동안의 교도소 생활이 마침내 끝난 것이었다.

아직 끝나지 않은 길

"여러분은 이 나라를 여러분들의 것으로 다시
선포하기 위해 묵묵한 인내심을 보여 주었습니다.
이제 우리는 높은 곳에 서서 큰 소리로 기쁘게
선언할 수 있습니다. 드디어 자유입니다!"

만델라는 평소 상이나 명예에는 전혀 신경을 쓰지 않는 사람이었다. 자신이 상을 타거나 명예를 얻기 위해서 자유의 투사가 되었다면 지금처럼 싸우지 못했을 거라고 생각했다. 그런데 이런 만델라에게 어느 날 뜻밖의 소식이 들려왔다.

"넬슨 만델라 씨! 당신은 1993년 노벨 평화상에 드 클레르크 씨와 공동으로 선정되었습니다!"

드 클레르크는 당시 남아프리카공화국의 백인 정부를 이끌던 대통령이었다.

"네? 제가 말입니까?"

"그렇습니다. 2차 세계대전 후 남아프리카인으로는 세 번째지요. 당신이 아프리카 땅의 자유를 위해 싸운 공로를 세계가 인정하는 바입니다."

"제가 어떻게……."

만델라는 놀랄 수밖에 없었다.

노벨 평화상의 영광은 결코 폭력으로 저항을 한 사람에게는 주어지지 않는다는 생각이 일반적이었기 때문이었다. 만델라는 샤프빌 대학살에서의 충격으로 무장 기구인 민족의 창을 만들었던 과거가 있었다. 그렇기 때문에 만델라는 노벨 평화상을 수상하게 된 게 뜻밖이었다.

만델라는 노르웨이에서 열린 수상식에 참가해서 노벨위원회에게 거듭 감사하다고 말했다. 또한 남아프리카공화국의 전망을 설명했고, 함께 수상한 드 클레르크에게 많은 공로를 돌렸다.

"드 클레르크는 인종 분리 정책의 잘못을 인정할 줄 아는 용기 있는 사람입니다. 그는 협상과 동등한 참여를 통해 남아프리카공화국의 모든 국민들이 만들고자 하는 미래를 함께 결

정해야 한다는 것을 이해하고 인정할 줄 아는 통찰력을 가지고 있습니다."

만델라의 겸손하면서도 당당한 수상 소감에 세계가 귀를 기울였다.

★

1994년 2월 이후부터 남아프리카공화국에서는 국회를 위한 공식적인 선거운동이 시작되었다. 만델라는 아프리카 민족회의 수장으로서 선거운동에 총력을 기울였다. 만델라는 국민 포럼을 개최하고 대부분 선거에 처음 참여하는 문맹의 유권자들을 격려했다.

"투표가 뭐죠?"

"그건 어떻게 하는 건데요?"

"아주 쉽습니다. 투표용지는 길고 좁은 종이에요. 거기 왼쪽에는 정당의 이름이 차례대로 쓰여 있고 오른쪽에는 정당의 상징과 지도자의 사진이 있지요. 여러분이 선택하고 싶은 정당 옆에 있는 네모 칸에다가 표시를 하면 됩니다. 선거 당일,

투표용지를 보면 가장 젊고 잘생긴 남자가 하나 있을 텐데, 그 옆에 표시를 하면 절 뽑는 겁니다."

만델라는 모든 상황을 재치와 유머로 풀어나갔다.

선거운동은 숨 가쁘게 진행되었고, 얼마 후 마침내 선거가 시작되었다. 선거는 총 4일 동안 진행되었다. 만델라는 이틀째인 4월 27일, 생애 첫 투표를 했다.

남아프리카인들이 투표장으로 들어서는 모습은 만델라뿐 아니라 모든 사람들에게 깊은 인상을 남겼다. 먼지 날리는 길에 늘어서서 인내심을 갖고 차례를 기다리는 사람들의 길고 거대한 행렬, 태어나 처음으로 '인간'임을 느꼈다고 말하며 울먹이는 노인, 마침내 자유 국가에서 살게 되었다며 기뻐하는 남녀. 이 모든 것이 선거 기간 내내 남아프리카공화국을 활기에 넘치는 땅으로 바꾸어 놓았다.

선거 결과가 나오기까지는 며칠이 걸렸다. 만델라가 이끈 아프리카 민족회의는 전체 표 중 62.6%를 득표해 마침내 집권 정당이 되었다.

5월 2일 새벽, 드 클레르크는 정중하게 권력을 넘기는 연설을 했다. 300년 이상 통치를 해 왔던 소수의 백인들은 패배를 인정하고 다수의 흑인들에게 권력을 넘겼다.

선거운동의 피로가 쌓여 지독한 감기에 걸린 만델라는 의사의 만류에도 불구하고 연단 앞에 섰다.

"오늘은 우리 역사에서 가장 중요한 순간이라고 할 수 있습니다. 저는 이 나라의 보통 사람들 중 한 사람으로 깊은 긍지와 기쁨으로 여러분 앞에 서 있습니다. 여러분은 이 나라를 여러분들의 것으로 다시 선포하기 위해 묵묵한 인내심을 보여 주었습니다. 이제 우리는 높은 곳에 서서 큰 소리로 기쁘게 선언할 수 있습니다. 드디어 자유입니다! 드디어 자유입니다! …… 문제가 된 것은 개인이 아니라 집단이었습니다. 옛 상처를 씻고 이제 새로운 남아프리카를 건설할 때입니다!"

군중들은 기쁨의 함성을 질렀다.

만델라는 가슴이 벅차올랐다. 만델라의 영화 같은 삶에서 가장 멋진 순간이 아닐 수 없었다.

★

    남아프리카공화국 최초의 민주 선거에서 최초의 흑인 대통령으로 당선된 만델라는 1998년까지 재임했다. 만델라는 대통령 재임 기간 동안 '진실과 화해 위원회'를 결성하여 과거사 청산을 실시했다. 흑인들을 탄압한 가해자라 할지라도 진심으로 죄를 고백하고 뉘우치면 사면했다. 또한 인종차별로 인해 억울하게 죽음을 맞은 수많은 사람들의 무덤에 묘비를 세워 그들을 위로했다. 만델라의 이러한 화해 정책은 남아프리카공화국의 인종 화합은 물론 경제적 번영까지 이끌어 냈다.

    1999년, 대통령 임기를 끝낸 만델라는 평범한 시민으로 돌아왔다. 이제 만델라는 남아프리카공화국의 지도자를 넘어 아프리카 전체의 지도자로서 계속 온힘을 쏟았다. 만델라는 국제 사회에서 아프리카의 이익을 위해 항상 애써왔고 아프리카 곳곳에서 벌어지는 내전을 해결하려 했다. 2010년에는 월드컵 축구대회를 유치하기 위해 남아프리카공화국 대표 단장직을 맡았다.

    그 외에도 만델라는 아프리카 대륙의 가장 큰 문제 가운데 하나인 에이즈를 퇴치하기 위해 적극적으로 노력했다. 만델라는 에이즈 퇴치기금을 마련하기 위해 런던에서 열린 '46664 콘서트'에 참가했다. '46664'는 과거 만델라의 수감 번호였다. 결코 자신의 과거를 잊지 않고 계속해서 자유를 향해 나아가는 만델라의 모습은 전 세계 사람들에게 큰 감동을 주었다.

만델라는 인간의 평등과 민주주의에 대한 확고한 신념을 가지고 온 생애를 바쳤다.

만델라는 언젠가 다음과 같은 말을 남겼다.

"나는 자유를 향한 머나먼 길을 걸어왔다. 나는 주춤거리지 않으려고 노력했다. 나는 도중에 발을 잘못 내딛기도 했다. 하지만 나는 커다란 언덕을 올라간 뒤에야 올라가야 할 언덕이 더 많다는 것을 발견하게 된다는 비밀을 알았다. 나는 여기서 잠시 쉬면서 내 주위를 둘러싸고 있는 멋진 경치를 보며 내가 온 길을 돌아볼 수 있다. 그러나 자유는 책임이 따르기 때문에 나는 오로지 잠시 동안만 쉴 수 있을 뿐이다. 나의 머나먼 여정은 아직 끝나지 않았기 때문에 나는 감히 꾸물거릴 수가 없다."

넬슨 만델라 연보

1918년   7월 18일 남아프리카 트란스케이의 수도인 움타타에서 태어남.

1942년   포트헤어 대학 학사 학위 취득.

1944년   아프리카 민족회의 청년동맹 설립.

1952년   변호사 시험에 합격하여 흑인 최초 법률 사무소를 차리고 본격
         적인 흑인 인권 운동 참여.

1960년   샤프빌 대학살을 계기로 비폭력 저항을 중단하고 무장 투쟁을
         시작.

1964년   반역죄로 종신형 선고를 받고, 그 다음 해부터 27년 동안 수감
         생활.

1990년   인도 최고 훈장을 받음.

1993년   노벨 평화상 수상.

1994년   남아프리카공화국 최초 흑인 참여 총선거에서 대통령 당선.

1996년   남부아프리카개발공동체 의장직을 맡음.

1999년   대통령의 직무를 끝냄.

2002년   프랭클린 루스벨트 4개 자유상 수상.

제품명: 자유를 향한 외침 넬슨 만델라 | **제조자명:** 도서출판 리젬
제조국명: 대한민국 | **전화:** 02-719-6868
주소: 서울시 마포구 동교로9길 9 102호
제조일: 2016년 7월 8일 | **사용 연령:** 9세 이상

* KC마크는 이 제품이 공통안전기준에 적합하였음을 의미합니다.

⚠ **주의** 아이들이 책의 모서리에 다치지 않게 주의하세요.

꿈을 주는 현대인물선 15

자유를 향한 외침 넬슨 만델라

1판 1쇄 발행 2013년 7월 12일
1판 2쇄 발행 2016년 7월 8일

글쓴이 김다혜 | 그린이 박준우
펴낸이 안성호
편집 이소정 김현 | 디자인 이보옥 황경실
펴낸곳 리젬 | 출판등록 2005년 8월 9일 제 313-2005-00176호
주소 04018 서울시 마포구 동교로9길 9 102호
대표전화 02-719-6868 편집부 070-4616-6199 팩스 02-719-6262
홈페이지 www.ligem.net
전자우편 iezzb@hanmail.net

© 김다혜 © 박준우

이 도서의 국립중앙도서관 출판예정도서목록(CIP)은 서지정보유통지원시스템 홈페이지(http://seoji.
nl.go.kr)와 국가자료공동목록시스템(http://www.nl.go.kr/kolisnet)에서 이용하실 수 있습니다.
(CIP제어번호: CIP2013010145)

ISBN 978-89-92826-06-8
      978-89-92826-87-7 (세트)